Daniel Wiechmann

Aufläufe und Gratins LOW-CARB

40 kohlenhydratarme Rezepte zum Abnehmen und Genießen

riva

Bibliografische Information der Deutschen Nationalbibliothek
Die Deutsche Nationalbibliothek verzeichnet diese Publikation in der Deutschen Nationalbibliografie. Detaillierte bibliografische Daten sind im Internet über **http://d-nb.de** abrufbar.

Für Fragen und Anregungen:
info@rivaverlag.de

Originalausgabe
1. Auflage 2017

Nymphenburger Straße 86
D-80636 München
Tel.: 089 651285-0
Fax: 089 652096

Redaktion: Eva Siegmund
Umschlaggestaltung: Laura Osswald
Umschlagabbildung: Nataliya Arzamasova/Shutterstock.com
Satz: Satzwerk Huber, Germering
Druck: Florjancic Tisk d.o.o., Slowenien
Printed in the EU

ISBN Print 978-3-7423-0155-0
ISBN E-Book (PDF) 978-3-95971-600-0
ISBN E-Book (EPUB, Mobi) 978-3-95971-599-7

Inhalt

Küche mit Herz

Ich liebe Käse und schlotzige Soßen. Kein Wunder, dass Gratins und Aufläufe aus meinem Speiseplan nicht wegzudenken sind. Aufläufe und Gratins haben einfach diese typisch herzhafte Note. Zum einen durch den überbackenen Käse, zum anderen dadurch, dass alle Zutaten im Ofen noch einmal miteinander schwitzen und ihre Aromen verschmelzen. Und das funktioniert auch mit Low-Carb prima. Sowohl beim Abnehmen selbst, vor allem aber, wenn man sein Wunschgewicht halten will und nach dem Essen gern richtig satt ist.

Das Prinzip von Aufläufen ist schnell erklärt: Zutaten schnippeln, eventuell anbraten, alles in eine Auflaufform geben, Soße und Käse drüber – im Ofen backen. Wie viel Aufwand man betreiben will, ist frei skalierbar. Es gibt Gemüseaufläufe, wie z. B. den mit Zucchini und Schafskäse (S. 18), die sind in Nullkommanichts (ca. 30 Min.) zusammengestellt und gebacken. Andere Ofengerichte, wie etwa ein Butterbohnen-Auflauf (S. 52), brauchen dagegen fast zwei Stunden, bevor sie auf dem Tisch stehen. Die Zubereitungszeit der meisten Aufläufe liegt zwischen 45 Minuten und einer Stunde. Am liebsten esse ich Aufläufe und Gratins daher am Wochenende, wenn auch in der Küche die Uhr mal nicht tickt.

Während Aufläufe in der Regel eine wunderbare Mahlzeit für sich sind, eignet sich gratiniertes Gemüse wunderbar als Beilage zu gebratenem Fisch oder Fleisch.

Für besonders viel Geschmack bei Aufläufen und Gratins sorgt der Käse. Gruyère bringt einen schönen Schmelz mit. Emmentaler ist ein Universalgenie und passt fast immer. Beim Mozzarella kommen – wenn er richtig durchgebacken wird – die Röstaromen sehr gut rüber. Schafskäse und Feta bereichern Gerichte durch ihre typisch säuerliche Note. Und ein würziger Bergkäse kann den Charakter des gesamten Auflaufs noch mal in eine eigene Richtung lenken. In den Rezepten habe ich versucht, für Abwechslung zu sorgen. Bitte spielen Sie ruhig mit Ihrem Lieblingskäse – die Empfehlungen sind nicht in Stein gemeißelt.

Neben dem Käse lebt ein Auflauf von seiner Soße. Dabei handelt es sich meist um ein Gemisch aus Milch, Sahne, Gemüsebrühe oder Ei. Normalerweise bindet man die Soße mit etwas Speisestärke. Ich finde aber, dass die Stärke aus der Tüte Soßen schwer macht. Ich habe sie in den Rezepten daher weggelassen und binde die Soßen lieber mit einer frisch geriebenen Kartoffel. Das hat denselben Effekt und schmeckt viel leichter und frischer.

Darüber, ob man die Auflaufform nun einfetten soll oder nicht, streiten sich die Küchengeister seit Jahren. Hilft das Fetten der Form mit Butter wirklich verlässlich gegen das „Ankleben" des Auflaufs? Nicht verlässlich, allerdings bringt das Löffelchen Butter noch mal ein bisschen mehr Geschmack in den Auflauf. Zwingend ist das Fetten der Auflaufform nicht.

In jedem Rezept finden Sie eine Empfehlung bezüglich der Größe der Auflaufform. Kleine fassen 1,5 l, mittelgroße 2,5 l und große Auflaufformen 3,5 l.

Low-Carb – aber richtig!

Warum ist Low-Carb derzeit eigentlich so angesagt? Es gab in den letzten Jahren eine Vielzahl an Ernährungs- und Diät-Konzepten, doch Low-Carb hat die meisten hinter sich gelassen. Warum? Ich glaube, es liegt daran, dass Low-Carb sich einfach gut und normal anfühlt. Es ist so, wie wir eigentlich essen sollten. Low-Carb ist ja keine Diät im herkömmlichen Sinn, sondern sorgt vielmehr für eine Umverteilung von dem, was wir essen. Weniger Zucker, mehr Gemüse sowie Fett und tierische Proteine in Maßen.

Wirft man einen Blick auf die gängigen Ernährungsempfehlungen, sieht man, wie wichtig Kohlenhydrate für uns sind. Unser Körper gewinnt aus drei Quellen seine Energie: aus Proteinen, Fetten und eben Kohlenhydraten. Letztere sind essenziell. Ohne sie würde unser Körper nicht funktionieren. Gut die Hälfte unserer täglichen Energie – da sind sich die Food-Experten einig – sollte aus Kohlenhydraten stammen. Bei Frauen sind das um die 260 g pro Tag, bei Männern 300 g. Wer jedoch Fett loswerden will, sollte diesen Wert deutlich unterschreiten. Als Richtlinie gelten täglich ungefähr 150 g Kohlenhydrate pro Tag – und die Fettschmelze kann beginnen.

Fehlen unserem Körper die wichtigen Kohlenhydrate, hat er nämlich einen Plan B. Er holt sich seine Kohlenhydrate einfach woanders her: nämlich aus seinen Fettzellen, die genau für diesen Katastrophenfall (nichts anders ist ein Nährstoffmangel) angelegt worden sind. Wer sich Low-Carb ernährt, kurbelt seinen Fettstoffwechsel an. Vorausgesetzt, er bewegt sich und treibt Sport. Bei jedem Mangel, den unser Körper erfährt, versucht er erst einmal unser Energielevel zu senken. Deswegen machen Diäten im wahrsten Sinne des Wortes schlapp. Ein Körper, der lange auf Diät gesetzt wird, baut Muskeln und sogar Knochen ab. Schließlich verbrauchen Muskeln, auch ohne dass sie bewegt werden, sehr viel Energie. Wer versucht, abzunehmen, und sich dabei nicht regelmäßig bewegt, verliert zwar Gewicht, aber nicht unbedingt Fett. Noch fataler ist: Wer Diät ohne Sport macht, gewöhnt seinen Körper an das niedrigere Energielevel. Isst man nach der Diät wieder normal, nimmt man plötzlich rasant zu. Eine ausgewogene Low-Carb-Ernährung ist

daher nur ein Teil eines funktionierenden Abnehmplans. Der andere ist viel Bewegung, die dem Muskelerhalt oder sogar dem Muskelaufbau dient.

Aufläufe und Low-Carb

Aufläufe schmecken (vor allem an kalten Herbst- und Wintertagen), machen satt und lassen sich sehr gut in jeden Ernährungsplan einbauen. Wer mit seinen Tageskalorien bereits am Limit ist (Aufläufe bringen nun mal mehr Energie auf den Teller als ein Salat), spart einfach etwas bei Sahne und Öl (wer nur einen Esslöffel Olivenöl weniger im Rezept verwendet, spart mehr als 120 Kalorien). Wer dagegen einen anstrengenden bewegungsreichen Tag hinter sich hat, kann seinen Auflauf ruhig mit zwei, drei Kartoffeln um eine Dosis gute Kohlenhydrate aufpeppen. Das tut den Muskeln richtig gut. Diese

Skalierbarkeit – ohne dass ein Gericht stark an Geschmack oder Charakter verliert – macht Aufläufe extrem praktisch. Aufläufe und Gratins eignen sich außerdem hervorragend für die Resteverwertung im Gemüsefach (ein Grundrezept dazu finden Sie auf S. 24). Und viel Gemüse ist schließlich die Basis eines guten Low-Carb-Ernährungsplans.

In diesem Buch finden Sie 40 leckere Low-Carb-Rezepte zu folgenden Themen:

* Gemüseaufläufe
* Einmal durch die Jahreszeiten
* Beilagen und Appetizer
* Was mit Fleisch
* Herzhafte Fischküche
* Aus aller Welt
* Dies und Das

Sie finden bei jedem Rezept Nährwertangaben. Kcal steht für Kilokalorien, KH für Kohlenhydrate, E für Eiweiß und F für Fett. Einige Rezepte sind für zwei, andere für mehr Portionen berechnet (so wird das Gemüse am besten verwertet und es bleibt nichts übrig).

Guten Appetit beim Abnehmen.

Gemüseaufläufe

Blumenkohl-Spinat-Auflauf

Ergibt: 2–3 Portionen * Zubereitung: 35 Min.
Nährwerte (pro Portion): 440 kcal, KH: 21 g, E: 28 g, F: 26 g

Einkaufsliste:
300 g Blumenkohl
300 g Blattspinat
3 Eier
4 EL Semmelbrösel
200 ml Milch
1 Kartoffel
Salz
Muskat
1 TL Butter
100 g Emmentaler

So wird's gemacht:

1. Den Ofen vorheizen (180 °C). Blumenkohl und Spinat waschen. Abtropfen lassen. Die Blumenkohlröschen vom Strunk trennen und in Salzwasser bissfest garen (ca. 7 Min.).
2. In einer großen Schüssel Eier, Semmelbrösel und Milch verrühren. Die Kartoffel schälen und in die Schüssel reiben. Die Masse salzen und mit Muskat würzen.
3. Spinat und Blumenkohl in die Schüssel geben und alles gut miteinander verrühren.
4. Eine mittelgroße Auflaufform mit Butter einfetten. Die Spinat-Blumenkohlmischung hineingeben. In den Ofen stellen und 40 Minuten bei 180 °C backen.
5. Den Emmentaler reiben. Über das Gemüse streuen und noch einmal 15 Minuten im Ofen backen.

Da Blumenkohl und Spinat sehr leicht sind, kann man sich hier ruhig für einen besonders würzigen Emmentaler entscheiden. Wer mag, kann den Auflauf auch noch mit ein paar gerösteten Cashewkernen aufpeppen.

Foto siehe Seite 9

Spinat-Linsen-Auflauf

Ergibt: 3–4 Portionen * Zubereitung: 50 Min.
Nährwerte (pro Portion): 277 kcal, KH: 23 g, E: 13 g, F: 14 g

Einkaufsliste:

450 g Blattspinat
150 g Tomaten
100 g rote Linsen
650 ml Gemüsebrühe
1 EL Olivenöl
1 TL Currypulver (mild)
Salz
Pfeffer
100 ml Schlagsahne
1 kleine Kartoffel
50 g Emmentaler (gerieben)

So wird's gemacht:

1. Spinat waschen und abtropfen. Tomaten waschen und in kleine Würfel schneiden.
2. Linsen in 250 ml Gemüsebrühe für ca. 10 Min. kochen.
3. Öl in einer Pfanne erhitzen. Die Hitze reduzieren und den Spinat andünsten, bis er zerfallen ist. Das Currypulver hinzugeben und kurz mit andünsten. Salzen und pfeffern. Die Tomaten hinzugeben und ca. 2 Min. mit andünsten. Spinat, Tomaten sowie die Linsen in eine große Auflaufform geben.
4. Den Ofen vorheizen (Umluft 180 °C).
5. 400 ml Gemüsebrühe mit der Sahne vermischen. Kartoffel schälen und in die Soße reiben. Aufkochen und ca. 2 Min. köcheln lassen.
6. Die Soße über den Auflauf geben. Mit Käse bestreuen und im Ofen 30 Min. backen.

Topinambur-Gratin mit Thymian-Parmesan-Kruste

Ergibt: 4–6 Portionen * Zubereitung: 1 Std. 20 Min.
Nährwerte (pro Portion): 422 kcal, KH: 24 g, E: 17 g, F: 27 g

Einkaufsliste:

2 Knoblauchzehen
300 ml Crème fraîche
Saft einer Zitrone
3 EL Thymianblättchen
80 g Parmesan (gerieben)
Salz
Pfeffer
1 kg Topinambur
3 EL Semmelbrösel
1–2 EL Olivenöl

So wird's gemacht:

1. Den Ofen vorheizen (Umluft 180 °C).
2. Knoblauch schälen und fein hacken. In einer Schüssel Crème fraîche mit Zitronensaft, Knoblauch, der Hälfte des Thymians und 2/3 des Parmesans verrühren. Mit Salz und Pfeffer abschmecken.
3. Topinambur schälen und in Scheiben schneiden (4 mm). Unter die Crème fraîche mischen und alles in eine große Auflaufform geben.
4. Semmelbrösel mit Olivenöl, dem restlichen Parmesan und Thymian vermischen und über den Auflauf geben. Für 45 Min. im Ofen backen.

Grünkohl-Pilz-Auflauf

Ergibt: 2–3 Portionen * Zubereitung: 50 Min.
Nährwerte (pro Portion): 484 kcal, KH: 13 g, E: 34 g, F: 35 g

Einkaufsliste:
200 g Grünkohl
1 Zwiebel
2 Knoblauchzehen
125 g Champignons
1 Karotte
50 g Topinambur
3 EL Olivenöl
1 TL Butter
150 g Frischkäse
2 EL Milch
2 EL Weißweinessig
2 EL Senf (mittelscharf)
Salz
Pfeffer
Chili
Zucker
60 g Bergkäse (gerieben)

So wird's gemacht:

1. Grünkohl waschen und putzen. Dabei den harten Strunk der Blätter entfernen. Die Blätter in Stücke zupfen und in kochendem Salzwasser 5 Minuten blanchieren. Abtropfen lassen.
2. Zwiebel und Knoblauch schälen und fein hacken. Pilze putzen und in Scheiben schneiden. Karotte putzen und in Streifen reiben. Topinambur schälen und in kleine Stücke schneiden.
3. In einer Pfanne 1 EL Olivenöl und etwas Butter erhitzen. Zwiebeln anschwitzen (3–4 Min.). Pilze hinzugeben und leicht anbräunen. Knoblauch, Karotten und Topinambur hinzugeben und ca. 10 Min. dünsten.
4. Den Ofen vorheizen (Umluft 180 °C).
5. Frischkäse, Olivenöl, Milch, Weißweinessig und Senf zu einer dickflüssigen Masse verrühren. Mit Salz, Pfeffer, Chili und einer Prise Zucker würzen.
6. Den Grünkohl in eine mittelgroße Auflaufform geben, die Karotten-Pilz-Topinambur-Mischung darüber geben. Die Käse-Senfsoße darüber gießen. Alles mit Bergkäse bestreuen und für 15 Min. im Ofen backen.

Spinat-Auflauf

Ergibt: 2–3 Portionen * Zubereitung: 40 Min.
Nährwerte (pro Portion): 304 kcal, KH: 8 g, E: 10 g, F: 25 g

Einkaufsliste:
400 g Spinat
1 kleine Zwiebel
1 EL Olivenöl
Salz
1 Knoblauchzehe
1 TL Butter
120 g Sahne
40 g Parmesan (gerieben)
Muskat

So wird's gemacht:

1. Spinat waschen und trocknen.
2. Den Ofen vorheizen (Umluft 180 °C).
3. Zwiebel schälen und fein hacken. Bei mittlerer Hitze in einer Pfanne mit etwas Olivenöl anschwitzen (ca. 4–5 Min.). Spinat hinzugeben und so lange garen, bis er vollständig zusammengefallen ist. Salzen.
4. Knoblauch schälen. Im Mörser oder mit einer Knoblauchpresse zerquetschen. Zum Spinat geben. Alles gut verrühren.
5. Den Spinat in eine mit Butter eingefettete mittelgroße Auflaufform geben. In einer Schüssel Sahne mit Parmesan verrühren. Mit etwas Muskat würzen. Die Soße über den Spinat geben. Für 15 Min. im Ofen backen.

Der italienische Klassiker eignet sich hervorragend als Beilage zu Fisch und Fleisch, schmeckt aber auch einfach so.

Bohnen-Auflauf mit frischem Tomatensugo

Ergibt: 3–4 Portionen * Zubereitung: 60 Min.
Nährwerte (pro Portion): 277 kcal, KH: 13 g, E: 16 g, F: 16 g

Einkaufsliste:
500 g grüne Bohnen
Salz
400 g Tomaten
1 Zwiebel
2–3 Knoblauchzehen
2 EL Olivenöl
2 EL Tomatenmark
100 ml Gemüsebrühe
2 Zweige Rosmarin
1 Sardelle
Pfeffer
40 g Parmesan (gerieben)

So wird's gemacht:

1. Bohnen putzen, waschen und in Salzwasser 15 Min. kochen.
2. Die Tomaten kreuzförmig einritzen und heiß überbrühen (einfach kurz ins Kochwasser der Bohnen tauchen). Anschließend häuten, den Strunk entfernen. Das Fruchtfleisch klein würfeln.
3. Den Ofen vorheizen (Umluft 180 °C).
4. Zwiebel und Knoblauchzehen schälen und fein hacken.
5. Öl in einer Pfanne erhitzen. Die Zwiebeln ca. 4 Min. anschwitzen. Knoblauch hinzugeben und 2 Min. mitdünsten. Tomatenmark hinzugeben und ca. 2 Min. rösten. Die Tomatenwürfel hinzugeben und die Gemüsebrühe angießen. Alles gut verrühren. Rosmarin hinzugeben und bei geschlossenem Deckel 8 Min. köcheln lassen.
6. Rosmarinzweige entfernen. Die Sardelle fein hacken und unter die Soße rühren. Mit Salz und Pfeffer abschmecken.
7. Die Bohnen abgießen, abschrecken und in einer mittelgroßen Auflaufform verteilen. Die Tomatensoße über die Bohnen geben. Parmesan darüber streuen und alles 10 Min. im Ofen überbacken.

Zwiebel-Zucchini-Auflauf

Ergibt: 2 Portionen * Zubereitung: 45 Min.
Nährwerte (pro Portion): 440 kcal, KH: 16 g, E: 27 g, F: 29 g

Einkaufsliste:
300 g Zucchini
2 Zwiebeln
2 TL Butter
1 TL Zucker
1 TL frischer Thymian
2 TL Worcestershire-Soße
100 ml Rinderbrühe
Salz
Pfeffer
150 g Fontina-Käse (gerieben)

So wird's gemacht:

1. Den Ofen vorheizen (Umluft 180 °C).
2. Zucchini waschen und in dünne Scheiben schneiden (3 mm). Die Zwiebeln schälen und in hauchdünne Streifen schneiden.
3. 1 TL Butter in einer Pfanne bei mittlerer Hitze schmelzen. Die Zwiebelringe in die Pfanne geben und 4–5 Min. anschwitzen lassen. Zucker, Thymian und Worcestershire-Soße hinzugeben. Ca. 5 Min. köcheln lassen. Rinderbrühe angießen und alles so lange köcheln lassen, bis die Zwiebeln braun sind (ca. 15 Min.). Gelegentlich umrühren.
4. Sobald die Zwiebeln fertig sind, die Pfanne vom Herd nehmen und die Zucchini untermischen. Salzen und pfeffern. Alles in eine mit Butter eingefettete mittelgroße Auflaufform geben. Den Käse über den Auflauf streuen und alles für 20 Min. im Ofen backen.

Wer einen Spiralschneider hat, kann die Zucchini vor dem Untermischen auch spiralisieren.

Zucchini-Käse-Auflauf

Ergibt: 2–3 Portionen * Zubereitung: 50 Min.
Nährwerte (pro Portion): 418 kcal, KH: 12 g, E: 21 g, F: 31 g

Einkaufsliste:
400 g Zucchini
2–3 EL Olivenöl
200 ml Milch
1 Kartoffel
Salz
Pfeffer
100 g Schafskäse
1 TL Butter
100 g Emmentaler (gerieben)

So wird's gemacht:

1. Den Ofen vorheizen (Umluft 180 °C).
2. Die Zucchini waschen und in dünne Scheiben schneiden (ca. 2–3 mm). Öl in einer Pfanne erhitzen. Darin die Zucchini bei mittlerer Hitze ca. 3–4 Min. anbraten.
3. Milch in einen Topf gießen. Die Kartoffel schälen und in die Milch reiben. Salzen und pfeffern und alles unter ständigem Rühren etwas einkochen lassen (ca. 7 Min.). Den Topf vom Herd nehmen.
4. Die Zucchini hinzugeben. Den Schafskäse zerbröseln und untermischen.
5. Alles in eine mit Butter eingefettete mittelgroße Auflaufform geben. Den Emmentaler darübergeben und den Auflauf für 25 Min. bei 180 °C backen.

Ein ganz einfaches Gericht, bei dem nichts vom genialen Zucchini-Schafskäse-Mix ablenkt. Wer mag, kann den Auflauf noch mit frischen Kräutern wie Schnittlauch garnieren.

Einmal durch die Jahreszeiten

Spargel-Zucchini-Tomaten-Auflauf

Ergibt: 3–4 Portionen * Zubereitung: 45 Min.
Nährwerte (pro Portion): 301 kcal, KH: 17 g, E: 18 g, F: 17 g

Einkaufsliste:
500 grüner Spargel
200 g Zucchini
150 g Cherrytomaten
1 Zwiebel
1 TL Olivenöl
200 ml Milch
1 Kartoffel
Salz
Pfeffer
1 TL Butter
100 g Gruyère

So wird's gemacht:

1. Das Gemüse waschen. Die Spargelstangen am unteren Ende schälen. Die Zucchini in 3 mm dicke Scheiben schneiden. Die Tomaten halbieren. Die Zwiebel schälen und fein hacken.
2. Salzwasser in einem Topf zum Kochen bringen und den Spargel garen (ca. 7 Min.).
3. Die Zwiebeln in einer Pfanne bei mittlerer Hitze mit Olivenöl anschwitzen (ca. 3–4 Min.). Die Zucchini hinzugeben und ca. 3 Min. mit anbraten. Die Tomaten hinzugeben und alles zusammen weitere 3 Min. anbraten. Die Pfanne vom Herd nehmen und den Spargel untermischen.
4. Milch in einen Topf geben. Die Kartoffel schälen und in die Milch reiben. Salzen und pfeffern. Unter ständigem Rühren aufkochen. Vom Herd nehmen.
5. Den Ofen vorheizen (Umluft 180 °C).
6. Das Gemüse in eine mit Butter eingefettete mittelgroße Auflaufform geben. Die Soße darübergeben. Den Gruyère reiben. Über den Auflauf geben und alles für ca. 20 Min. im Ofen backen.

Foto siehe Seite 19

Mediterrane Gemüse-Cannelloni

Ergibt: 2–3 Portionen * Zubereitung: 50 Min.
Nährwerte (pro Portion): 380 kcal, KH: 19 g, E: 15 g, F: 25 g

Einkaufsliste:
1 Aubergine
1 Zucchini
Salz
2 EL Olivenöl
1 Zwiebel
1 Knoblauchzehe
150 ml passierte Tomaten
1 EL Oregano
Pfeffer
Basilikum
200 g Mozzarella (gerieben)

So wird's gemacht:

1. Aubergine und Zucchini waschen. Die Aubergine längs in acht dünne Scheiben schneiden (ca. 4–5 mm), salzen. Die Zucchini in kleine Würfel schneiden.
2. Die Auberginenscheiben in einer Pfanne mit 1 EL Olivenöl ca. 2 Min. anbraten. Beiseitestellen.
3. Zwiebel und Knoblauch schälen und fein hacken. Die Zwiebel in einer Pfanne bei mittlerer Hitze mit Olivenöl anschwitzen (ca. 4 Min.). Die Zucchini hinzugeben und ca. 3 Min. mit anbraten. Den Knoblauch, die passierten Tomaten und den Oregano hinzugeben. Ca. 5–8 Min. köcheln lassen, bis die Masse breiig ist. Mit Salz und Pfeffer abschmecken. Basilikum untermischen.
4. Den Ofen vorheizen (Umluft 180 °C).
5. Je 2 Auberginenscheiben auf einem Küchenbrett nebeneinanderlegen. Die Seiten sollen einander überlappen. Quer über die Auberginen einen Streifen von der Zucchini-Tomatenmischung geben. Einrollen und in eine mittelgroße Auflaufform geben. Mit den anderen Auberginenscheiben ebenso verfahren.
6. Mozzarella über die Auberginenröllchen geben und alles für ca. 25 Min. im Ofen backen.

Gratiniertes Herbstgemüse

Ergibt: 4 Portionen * Zubereitung: 30 Min.
Nährwerte (pro Portion): 240 kcal, KH: 23 g, E: 9 g, F: 12 g

Einkaufsliste:
200 g Kürbis
200 g Süßkartoffel
200 g gelbe Zucchini
200 g Aubergine
4 Cherrytomaten
2 Knoblauchzehen
2 EL Olivenöl
Salz
Pfeffer
1 TL Oregano
2 EL Semmelbrösel
50 g Parmesan (gerieben)

So wird's gemacht:

1. Gemüse waschen und putzen. Süßkartoffeln und Kürbis schälen, den Kürbis entkernen. Die Tomaten halbieren, das restliche Gemüse in dünne Streifen schneiden. Knoblauch schälen und fein hacken.
2. Olivenöl erhitzen. Süßkartoffeln und Kürbis darin 5 Minuten andünsten. Zucchini, Auberginen und Knoblauch hinzugeben, weitere 5 Minuten dünsten. Tomaten hinzugeben. Alles mit Salz, Pfeffer und Oregano würzen.
3. Den Ofen vorheizen (Umluft 180 °C). Ein Backblech mit Backpapier auslegen. Das Gemüse gleichmäßig auf dem Blech verteilen. Semmelbrösel und Parmesan vermischen und über das Gemüse geben.
4. Das gratinierte Gemüse etwa 15–20 Min. im Ofen backen. Noch einmal salzen und pfeffern. Servieren.

Winterlicher Kohl-Auflauf

Ergibt: 2–3 Portionen * Zubereitung: 45 Min.
Nährwerte (pro Portion): 476 kcal, KH: 12 g, E: 25 g, F: 34 g

Einkaufsliste:
200 g Rosenkohl
400 g Blumenkohl
1 Schalotte
3 Knoblauchzehen
1 EL Olivenöl
1/2 Bund Petersilie
200 ml Gemüsebrühe
Salz
Pfeffer
Muskat
1 Kartoffel
2 Eier
100 ml Sahne
3 TL ml Crème fraîche
1 TL Butter
200 g Mozzarella (gerieben)

So wird's gemacht:

1. Den Ofen vorheizen (Umluft 180 °C).
2. Rosen- und Blumenkohl waschen. Vom Rosenkohl die äußeren Blätter abtrennen. Beim Blumenkohl die Röschen vom Strunk trennen.
3. Schalotte und Knoblauchzehen schälen und fein hacken. Petersilie waschen und fein hacken. Schalotte in einer Pfanne mit heißem Öl ca. 4–5 Min. anschwitzen. Knoblauch, Rosen- und Blumenkohl hinzugeben und ca. 3 Min. mitbraten. Die Gemüsebrühe angießen, die Petersilie hinzugeben und alles ca. 10 Min. köcheln lassen.
4. Alles in eine große Schüssel geben. Mit Salz, Pfeffer und Muskat würzen. Eine Kartoffel schälen und in die Schüssel reiben. Eier, Sahne und Crème fraîche unterrühren. Nochmals salzen und alles gut verrühren.
5. Eine mittelgroße Auflaufform mit Butter einfetten und die Masse hineingeben. Mozzarella gleichmäßig verteilen und alles ca. 15 Min. im Ofen backen.

Dieser Auflauf schmeckt wunderbar an kalten Wintertagen, und der Rosenkohl liefert jede Menge Vitamin C. Dazu passt ein Stück Kassler oder eine Entenbrust.

Reste-Auflauf

Ergibt: 3–4 Portionen * Zubereitung: 35 Min.
Nährwerte (pro Portion): 400 kcal, KH: 25 g, E: 15 g, F: 18 g

Einkaufsliste:
200 g Brokkoli
200 g Kohlrabi
200 g Karotte
200 g Paprika
1 Zwiebel
1 Knoblauchzehe
2 EL Olivenöl
100 ml Gemüsebrühe
Salz
Pfeffer
1 TL Butter
200 ml Milch
1 Kartoffel
2 Eier
60 g Parmesan

So wird's gemacht:

1. Die Einkaufsliste können Sie in diesem Fall vergessen. Nehmen Sie einfach 600 bis 800 Gramm Gemüse aus dem Gemüsefach – alles, was Sie finden. Putzen Sie es und schneiden Sie es in mundgerechte Stücke.
2. Zwiebel und Knoblauch schälen und fein hacken. Zwiebel bei mittlerer Hitze in einer Pfanne mit Olivenöl anschwitzen (ca. 4–5 Min.). Den Knoblauch sowie – nach und nach – das Gemüse hinzugeben und kurz anbraten. Die Gemüsebrühe angießen und alles insgesamt 10 Min. köcheln lassen. Die Brühe sollte fast eingekocht sein.
3. Mit Salz und Pfeffer abschmecken und in eine mit Butter eingefettete große Auflaufform geben.
4. Den Ofen vorheizen (Umluft 180 °C).
5. Milch aufkochen. Die Kartoffel schälen und in die Milch reiben. Kurz einkochen lassen und den Topf vom Herd nehmen. In einer Schüssel die Eier verquirlen und diese anschließend in die Milch einarbeiten.
6. Die Soße über das Gemüse geben. Alles mit Parmesan bestreuen und für 15 Min. im Ofen backen.

Mit diesem Grundrezept können Sie wunderbar Resteverwertung betreiben. Sie haben außerdem noch Wurst- oder Fleischreste im Kühlschrank? Einfach kurz anbraten und in den Auflauf geben. Gern können Sie den Auflauf auch nach Belieben mit frischen Kräutern würzen, die Sie vor dem Überbacken einfach mit in die Soße geben.

Beilagen und Appetizer

Gratinierter Chicorée

Ergibt: 2 Portionen * Zubereitung: 35 Min.
Nährwerte (pro Portion): 389 kcal, KH: 8 g, E: 30 g, F: 25 g

Einkaufsliste:
1 TL Butter
4 Chicorée
4 Scheiben Kochschinken
100 ml Milch
2 Eier
Salz
Pfeffer
Muskat
100 g Emmentaler (gerieben)

So wird's gemacht:

1. Den Ofen vorheizen (Umluft 180 °C). Eine kleine Auflaufform mit Butter einfetten.
2. Chicorée waschen, putzen und halbieren. Den Strunk herausschneiden. Die Hälften wieder aufeinanderlegen und mit je einer Scheibe Schinken umwickeln. In die Auflaufform legen.
3. Milch und Eier verquirlen. Mit Salz, Pfeffer und einer Prise Muskat würzen. Alles über den Chicorée gießen. Mit Emmentaler bestreuen und 30 Min. backen.

Foto siehe Seite 25

Mit Lamm gefüllte rote Zwiebeln

Ergibt: 4 Portionen * Zubereitung: 45 Min.

Nährwerte (pro Portion): 254 kcal, KH: 13 g, E: 15 g, F: 15 g

Einkaufsliste:

4 große Gemüsezwiebeln
½ TL Butter
2 Knoblauchzehen
1 EL Olivenöl
200 g Lammhackfleisch
1 TL Currypulver
½ TL Kreuzkümmel (gemahlen)
2 EL Pinienkerne
1 TL Senf
2 EL Petersilie (gehackt)
2 EL Minze (gehackt)

So wird's gemacht:

1. Die Zwiebeln an der Wurzel vorsichtig abschneiden, sodass sie ganz bleiben. Das obere Ende abschneiden. Mit einem kleinen Löffel aushöhlen. Die ausgehöhlten Zwiebelreste fein hacken.
2. Salzwasser zum Kochen bringen. Die ausgehöhlten Zwiebeln darin blanchieren. In eine mit Butter eingefettete Auflaufform legen.
3. Knoblauch schälen und fein hacken.
4. Den Ofen vorheizen (Umluft 180 °C).
5. Öl in einer Pfanne erhitzen. Die Zwiebelreste darin 3–4 Min. anschwitzen. Das Hackfleisch hinzugeben und scharf anbraten. Currypulver und Kreuzkümmel hinzugeben und kurz mit anschwitzen lassen. Pinienkerne, Senf, Petersilie und Minze hinzugeben und ca. 5 Min. andünsten.
6. Die Hackfleischmischung in die Zwiebeln füllen und 15 Min. im Ofen backen.

Wer mag, kann die fertigen Zwiebeln noch mit frischer Minze garnieren.

Gratinierte Artischocken

Ergibt: 2 Portionen * Zubereitung: 30 Min.
Nährwerte (pro Portion): 417 kcal, KH: 10 g, E: 27 g, F: 28 g

Einkaufsliste:
2 TL Zitronensaft
4 Artischocken
1 Knoblauchzehe (fein gewürfelt)
100 g Ziegenfrischkäse
1 TL Thymianblättchen (gehackt)
Salz
schwarzer Pfeffer aus der Mühle
1 EL Olivenöl
60 g Parmesan (gerieben)

So wird's gemacht:

1. Einen mittelgroßen Topf mit ca. 1 Liter Wasser bereitstellen. Zitronensaft hinzugeben.
2. Artischocken waschen und putzen. Dazu den Stiel herausbrechen und die Fasern aus dem Boden ziehen. Harte Blattansätze an der Unterseite und außen entfernen. Die Artischockenspitze abschneiden. Die Artischocke umdrehen und den Boden mit einem Löffel aushöhlen, bis alle Fasern entfernt sind. Fertige Artischocken ins Zitronenwasser legen.
3. Die Artischocken im Zitronenwasser weichkochen (ca. 15 Min.). Herausnehmen und abtropfen lassen.
4. Den Ofen vorheizen (Grillstufe).
5. Knoblauch schälen und fein hacken. Ziegenfrischkäse glattrühren. Knoblauch und Thymian untermischen. Mit Salz und Pfeffer abschmecken.
6. Artischocken in eine Auflaufform legen. Die Frischkäsefüllung hineingeben.
7. Öl und Parmesan miteinander vermischen. Die Mischung über die Artischocken geben und im Ofen 2 Min. goldbraun grillen. Den Grill ausschalten und die Artischocken noch 4 Min. warm werden lassen.

Die Artischocken passen wunderbar zu einem Stück Kalbfleisch oder zu einem Salat.

Gratinierte Tomaten

Ergibt: 3–4 Portionen * Zubereitung: 40 Min.
Nährwerte (pro Portion): 344 kcal, KH: 15 g, E: 8 g, F: 27 g

Einkaufsliste:
8 Tomaten
Salz
Pfeffer
2 EL Kapern
2 Sardellenfilets (in Öl eingelegt)
50 g schwarze Oliven (ohne Stein)
2 EL Pinienkerne
1 kleiner Peperoncino (getrocknet)
60 g Semmelbrösel
50 g Pecorino (gerieben)
1 TL Oregano (getrocknet)
4–5 EL Olivenöl

So wird's gemacht:

1. Den Ofen vorheizen (Umluft 180 °C).
2. Tomaten waschen und quer halbieren. Anschließend die Tomaten mit der Schnittfläche nach oben in eine Auflaufform legen. Salzen und pfeffern.
3. Kapern und Sardellen abtropfen lassen und fein hacken. Oliven und Pinienkerne ebenfalls fein hacken. Den Peperoncino zerbröseln. Alles zusammen mit den Semmelbröseln, Pecorino und Oregano vermischen. Olivenöl untermischen und die Masse auf die Tomaten geben.
4. Die Tomaten 20–25 Min. im Ofen backen.

Ziegenkäsefeigen

Ergibt: 4 Portionen * Zubereitung: 20 Min.
Nährwerte (pro Portion): 100 kcal, KH: 9 g, E: 5 g, F: 5 g

Einkaufsliste:
8 frische große Feigen
80 g Ziegenfrischkäse
1 EL Honig
Pfeffer

So wird's gemacht:

1. Den Ofen vorheizen (Umluft 180 °C).
2. Die Feigen waschen und vorsichtig trocken tupfen. Von der Spitze aus vierteln, ohne die Feige ganz zu zerschneiden.
3. Die Viertel vorsichtig auseinanderziehen. Den Ziegenkäse in die Feigen füllen. Den Käse mit etwas Honig einpinseln.
4. Im Ofen 10 Min. lang überbacken. Vor dem Servieren noch mit etwas Pfeffer würzen.

Statt des Honigs kann man auch ein paar Tropfen Balsamico über den Käse geben. Die Feigen schmecken aber auch ohne Honig oder Balsamico.

Gratinierte Pilze

Ergibt: 4 Portionen * Zubereitung: 35 Min.
Nährwerte (pro Portion): 196 kcal, KH: 3 g, E: 11 g, F: 15 g

Einkaufsliste:
4 Portobello-Pilze
50 g Rucola
1 rote Chilischote
1 Knoblauchzehe
75 g Ricotta
2 EL Olivenöl
1 TL Zitronensaft
1 TL Oregano
Salz
Pfeffer
50 g Parmesan (gerieben)

So wird's gemacht:

1. Den Ofen vorheizen (Umluft 180 °C).
2. Pilze putzen. Den Stiel abschneiden. Die Haut abziehen.
3. Rucola waschen, abtropfen und hacken. Chili waschen und fein hacken. Knoblauch schälen und fein hacken.
4. Ricotta mit 1 EL Olivenöl, Zitronensaft, Rucola, Knoblauch, Chili und Oregano vermengen. Mit Salz und Pfeffer abschmecken.
5. Die Pilze mit der Frischkäsemasse füllen. Pilze außen mit dem restlichen Olivenöl einpinseln.
6. In eine Auflaufform geben. Den Parmesan über die Pilze streuen und ca. 15–20 Min. backen.
7. Zum Garnieren eignen sich ein paar Basilikumblätter.

Gratinierter Fenchel

Ergibt: 4 Portionen * Zubereitung: 40 Min.
Nährwerte (pro Portion): 259 kcal, KH: 18 g, E: 8 g, F: 13 g

Einkaufsliste:
2 große Fenchelknollen (800 g)
2 EL Olivenöl
2 EL Butter
Salz
Pfeffer
¼ l Weißwein
¼ l Gemüsebrühe
1 Zwiebel
2 Knoblauchzehen
40 g Semmelbrösel

So wird's gemacht:

1. Fenchel waschen, putzen, die Stängel abschneiden. Die Knollen längs halbieren. In einem Topf Öl und 1 EL Butter erhitzen. Den Fenchel von allen Seiten darin anbraten. Salzen und pfeffern.
2. Den Fenchel mit Weißwein und Brühe ablöschen (ca. 3 EL der Brühe aufheben). Bei geschlossenem Deckel ca. 20 Min garen. Den Fenchel nach 10 Min. vorsichtig wenden.
3. Den Ofen vorheizen (Umluft 180 °C).
4. Die Zwiebel schälen und fein hacken. Den Knoblauch schälen und pressen. Beides mit den Semmelbröseln vermischen.
5. In einer Pfanne die restliche Butter erhitzen und die Semmelbröselmasse ca. 2–3 Min. darin andünsten. Salzen und pfeffern.
6. Fenchel in eine Auflaufform legen. Die restliche Brühe über den Fenchel geben. Die Bröselmasse über dem Fenchel verteilen und ca. 10 Min. im Ofen überbacken.

Wer mag, kann den Fenchel noch mit frischer Petersilie garnieren.

Was mit Fleisch

Fenchel-Orangen-Auflauf mit Hähnchen

Ergibt: 4 Portionen * Zubereitung: 45 Min.
Nährwerte (pro Portion): 311 kcal, KH: 9 g, E: 34 g, F: 15 g

Einkaufsliste:
1 Zwiebel
1 Knoblauchzehe
1 Fenchel
600 g Hähnchenbrustfilet
1 EL Olivenöl
1 TL Butter
1 TL Paprikapulver
½ TL Chilipulver
1 TL Kreuzkümmel
Saft einer Orange
200 ml Gemüsebrühe
Salz
Pfeffer
100 ml Sahne

So wird's gemacht:

1. Zwiebel und Knoblauch schälen und fein hacken. Den Fenchel waschen, putzen und achteln. Die Hähnchenbrust waschen, abtropfen und in mundgerechte Würfel schneiden.
2. Den Ofen vorheizen (Umluft 180 °C).
3. Öl in einer Pfanne erhitzen. Die Hähnchenwürfel von allen Seiten scharf anbraten, bis sie Farbe bekommen. In eine mit Butter eingefettete Auflaufform geben.
4. In derselben Pfanne Zwiebel, Knoblauch und Fenchel bei mittlerer Hitze ca. 5 Min. anschwitzen. Paprikapulver, Chilipulver und Kreuzkümmel hinzugeben. Den Orangensaft und die Brühe angießen. Alles einmal aufkochen. Vom Herd nehmen und mit Salz und Pfeffer abschmecken. Sahne hinzugeben.
5. Die Soße in die Auflaufform gießen. Den Auflauf 20 Min im Ofen fertig backen.

Eventuell mit Thymian, Petersilie oder anderen Kräutern dekorieren.

Foto siehe Seite 33

Hähnchen-Pilz-Auflauf

Ergibt: 2 Portionen * Zubereitung: 45 Min.
Nährwerte (pro Portion): 539 kcal, KH: 20 g, E: 41 g, F: 28 g

Einkaufsliste:

300 g Hähnchenbrustfilet
200 g Champignons
1 EL Olivenöl
1 EL Butter
100 ml Weißwein
150 ml Gemüsebrühe
100 ml Schlagsahne
1 Kartoffel
Salz
Pfeffer
2 Frühlingszwiebeln
Thymian

So wird's gemacht:

1. Hähnchen waschen, abtropfen und in mundgerechte Stücke schneiden. Champignons putzen und in Scheiben schneiden.
2. Öl in einer Pfanne erhitzen und das Hähnchen von allen Seiten scharf anbraten, bis es Farbe bekommt. In eine mittelgroße Auflaufform geben.
3. Butter in einer Pfanne erhitzen und die Pilze anbraten, bis sie Farbe bekommen.
4. Weißwein angießen und fast vollständig einkochen lassen. Gemüsebrühe und Sahne angießen. Die Kartoffel schälen und in die Pfanne reiben. Alles gut verrühren und kurz aufkochen. Vom Herd nehmen. Mit Salz und Pfeffer abschmecken.
5. Frühlingszwiebeln putzen, waschen und in feine Ringe schneiden. Unter die Pilz-Sahne mischen. Alles in eine Auflaufform geben und ca. 15 Min. im Ofen fertig garen. Mit etwas frischem Thymian garnieren und servieren.

Gefüllte Auberginen

Ergibt: 4 Portionen * Zubereitung: 60 Min.
Nährwerte (pro Portion): 506 kcal, KH: 24 g, E: 34 g, F: 29 g

Einkaufsliste:
4 Auberginen
3 EL Olivenöl
2 Zwiebeln
2 Knoblauchzehen
2 Chilischoten (getrocknet)
800 g Tomaten (aus der Dose)
Salz
Pfeffer
1 TL Kurkuma
1 EL Minze (getrocknet)
1 EL Tomatenmark
500 g Hackfleisch (vom Rind)
2 EL Petersilie
1 große Tomate
4 Peperoncini (grün)

So wird's gemacht:

1. Die Auberginen waschen und der Länge nach durchschneiden. Das innere Fleisch ausschaben und beiseitestellen. Die Auberginen zum Entbittern für 30 Min. in Salzwasser legen.
2. 2 EL Öl in einer Pfanne erhitzen und die Auberginen von allen Seiten anbraten (ca. 6–8 Min.).
3. Zwiebeln und Knoblauch schälen und fein hacken. Die Zwiebeln in einer Pfanne mit 1 EL Öl anschwitzen (3–4 Min.). Chilischoten zerbröseln und zusammen mit dem Knoblauch in die Pfanne geben. Die Hitze erhöhen.
4. Den Ofen vorheizen (Umluft 180 °C)
5. Mit den Tomaten ablöschen. Die Tomaten zerdrücken, Salz, Pfeffer, Kurkuma, die Hälfte der Minze und das Tomatenmark hinzufügen und die Soße 15 Min. köcheln lassen. Mit Salz und Pfeffer abschmecken.
6. In einer anderen Pfanne das Hackfleisch mit etwas Olivenöl scharf anbraten, bis es Farbe bekommt. Das übrige Auberginenfleisch hinzugeben und ca. 2–3 Min. anbraten. Die Mischung mit 4 EL Tomatensoße abbinden. Petersilie hacken und zusammen mit der restlichen Minze untermischen. Mit Salz und Pfeffer abschmecken.

7. Die Tomatensoße mit der restlichen Minze in eine Auflaufform gießen. Die Auberginen hineingeben, mit dem Hackfleisch füllen. Tomaten in Scheiben schneiden und jeweils 1–2 Scheiben auf die Auberginen geben. Je einen Peperoncino auf die Tomaten legen. Die gefüllten Auberginen für 30 Min. im Ofen fertig backen.

Zucchini-Lasagne

Ergibt: 6–8 Portionen * Zubereitung: ab 50 Min.
Nährwerte (pro Portion): 490 kcal, KH: 12,5 g, E: 34 g, F: 32 g

Einkaufsliste:

2 kg Zucchini
Salz
1 Zwiebel
2 Knoblauchzehen
1 EL Olivenöl
500 g Hackfleisch (gemischt)
500 ml passierte Tomaten
Pfeffer
300 g Mozzarella
2 Eier
2 EL Basilikum (gehackt)
500 g Ricotta
1 TL Butter
40 g Parmesan (gerieben)

So wird's gemacht:

1. Die Zucchini waschen und der Länge nach in ca. 3–4 mm dicke Streifen schneiden. Die Streifen salzen, auf ein Gitter legen und ca. 1 Stunde Wasser ziehen lassen. Das ausgetretene Wasser mit einem Küchentuch abtupfen. (Je weniger Wasser die Zucchini enthalten, desto besser gelingt die Lasagne).
2. Zwiebel und Knoblauch schälen und fein hacken. In einer Pfanne mit Olivenöl anschwitzen (ca. 3 Min.). Das Hackfleisch hinzugeben und scharf anbraten. Die Hitze reduzieren und die Tomaten hinzugeben. Kurz einkochen lassen. Salzen und pfeffern.
3. Mozzarella reiben. In einer Schüssel mit Eiern, Basilikum und Ricotta vermischen. Mit Salz und Pfeffer würzen. Den Ofen vorheizen (Umluft 180 °C).
4. In eine mit Butter eingefettete große Auflaufform abwechselnd je eine Schicht Zucchinistreifen, Hackfleischsoße und Ei-Käse-Mischung geben. Zum Schluss die Lasagne mit Parmesan bestreuen und für ca. 25 Min. im Ofen backen.

Blumenkohl-Feta-Auflauf mit Nüssen und Schinken

Ergibt: 2 Portionen * Zubereitung: 45 Min.

Nährwerte (pro Portion): 495 kcal, KH: 9 g, E: 27 g, F: 38 g

Einkaufsliste:

350 g Blumenkohl
6 Scheiben Parmaschinken
40 g Cashewkerne
2 EL Olivenöl
100 ml Gemüsebrühe
2 EL Minze (gehackt)
2 EL Petersilie (gehackt)
Salz
Pfeffer
1 TL Butter
100 g Feta

So wird's gemacht:

1. Blumenkohl waschen, die Röschen vom Strunk trennen. Röschen und Strunk in Scheiben schneiden. Den Schinken in Streifen schneiden.
2. Den Ofen vorheizen (Umluft 180 °C).
3. Cashewkerne in einer Pfanne ohne Öl rösten. Beiseitestellen.
4. Öl in einer Pfanne erhitzen. Den Blumenkohl zusammen mit dem Schinken 2–3 Min. anbraten. Die Gemüsebrühe angießen und den Kohl 8 Min. bissfest garen. Cashewkerne, Minze und Petersilie untermischen. Mit Salz und Pfeffer abschmecken.
5. Das Blumenkohl-Gemisch in eine mit Butter eingefettete Auflaufform geben. Mit Feta bestreuen und 15–20 Min. im Ofen fertig backen.

Auberginen-Rindfleisch-Auflauf

Ergibt: 4 Portionen * Zubereitung: 60 Min.
Nährwerte (pro Portion): 473 kcal, KH: 18 g, E: 21 g, F: 34 g

Einkaufsliste:
250 g Kartoffeln (festkochend)
Salz
1 Knoblauchzehe
200 g Auberginen
3 EL Öl
250 g Rindfleisch
2 TL Rosmarin
250 g passierte Tomaten
1 TL Zimt (gemahlen)
200 ml Milch
100 ml Sahne
Pfeffer
Muskat
100 g Schafskäse

So wird's gemacht:

1. Kartoffeln schälen und in dünne Scheiben schneiden (3 mm). Eine Kartoffel übrig lassen. Die Kartoffelscheiben anschließend in kochendem Salzwasser 5 Min. garen. Beiseitestellen.
2. Knoblauch schälen und fein hacken. Auberginen waschen und in sehr dünne Scheiben schneiden (1–2 mm). 1 EL Öl in einer Pfanne erhitzen und die Auberginen in Tranchen auf jeder Seite anbraten (je 1 Min.). Zwischendurch immer wieder etwas Öl angießen. Beiseitestellen.
3. Rindfleisch waschen, abtropfen und in mundgerechte Stücke schneiden. Scharf anbraten. Knoblauch und Rosmarin hinzugeben und ca. 2 Min. mit anbraten. Die Hitze reduzieren. Tomaten und Zimt hinzugeben und ca. 5 Min. schmoren lassen. Mit Salz abschmecken.
4. In einem Topf Milch und Sahne aufkochen. Die letzte Kartoffel schälen und hineinreiben. Unter ständigem Rühren ca. 5 Min. köcheln lassen. Mit Salz, Pfeffer und Muskat abschmecken.
5. Alle Zutaten bis auf einige Auberginenscheiben in eine große Schüssel geben und miteinander verrühren. Anschließend in eine mittlelgroße Auflaufform geben und die Auberginenscheiben darüberschichten. Den Schafskäse in Bröseln über den Auflauf geben und alles 30 Min. im Ofen backen.

Hähnchen-Wirsing-Auflauf

Ergibt: 4 Portionen * Zubereitung: 35 Min.
Nährwerte (pro Portion): 303 kcal, KH: 10 g, E: 30 g, F: 15 g

Einkaufsliste:
½ kleiner Wirsingkohl
2 TL Butter
Salz
Pfeffer
Muskat
400 g Hähnchenfilet
1 EL Öl
400 g Tomaten in Stücken
100 g Gouda (gerieben)

So wird's gemacht:

1. Wirsing putzen. Die Blätter waschen und in breite Streifen schneiden.
2. Den Ofen vorheizen (Umluft 180 °C).
3. 1 TL Butter in einer Pfanne erhitzen und den Wirsing 3–5 Min. andünsten. Mit Salz, Pfeffer und Muskat würzen. Etwa 5 EL Wasser angießen und bei geschlossenem Deckel 7 Min. dünsten lassen.
4. Hähnchen waschen, trocken tupfen und ebenfalls in Streifen schneiden. Öl in einer Pfanne erhitzen und die Streifen scharf anbraten.
5. Die gestückelten Tomaten in eine Schüssel geben und noch einmal mit einer Gabel zerquetschen. Salzen und pfeffern. Wirsing und Hähnchen untermischen.
6. Alles in eine mit Butter eingefettete Auflaufform geben. Den Käse darübergeben und für 15 Min. im Ofen überbacken.

Grünkohl-Kürbis-Auflauf mit Salsiccia

Ergibt: 4–6 Portionen * Zubereitung: 50 Min.
Nährwerte (pro Portion): 385 kcal, KH: 10 g, E: 16 g, F: 30 g

Einkaufsliste:
400 g Butternuss-Kürbis
400 g Grünkohl
300 g Salsiccia (oder Bratwurst)
200 ml Sahne
150 ml Milch
1 Kartoffel
Salz
Pfeffer
100 g Bergkäse

So wird's gemacht:

1. Kürbis schälen und die Kerne entfernen. Das Fruchtfleisch in 1 cm große Würfel schneiden. Die harten Stängel vom Grünkohl entfernen und die Blätter in mundgerechte Stücke schneiden. Die Salsiccia aus dem Darm lösen und aus dem Brät kleine Bällchen rollen.
2. Den Ofen vorheizen (Umluft 180 °C).
3. Eine Pfanne ohne Öl erhitzen. Die Salsiccia-Bällchen von allen Seiten scharf anbraten. Wenn die Bällchen Farbe bekommen haben, die Hitze reduzieren. Kürbis und Grünkohl hinzugeben und ca. 10 Min. mit andünsten. Alles in eine Auflaufform geben.
4. Sahne und Milch in einem Topf mischen und aufkochen. Die Kartoffel schälen und in die Milch-Sahne reiben. Mit Salz und Pfeffer abschmecken und über den Auflauf geben. In den Ofen stellen und 20 Min. backen.
5. Den Auflauf mit Käse bestreuen und weitere 10 Min. backen.

Herzhafte Fischküche

Brokkoli-Lachs-Auflauf

Ergibt: 2 Portionen * Zubereitung: 45 Min.
Nährwerte (pro Portion): 575 kcal, KH: 23 g, E: 41 g, F: 34 g

Einkaufsliste:
250 g Brokkoli
50 g Zuckerschoten
250 ml Gemüsebrühe
50 g Erbsen (TK)
1 TL Butter
1 kleine Zwiebel
1 TL Olivenöl
50 ml Schlagsahne
1 Kartoffel
Salz
Pfeffer
1 Eigelb
250 g Lachsfilet
1 EL Zitronensaft
50 g Gouda (gerieben)

So wird's gemacht:

1. Den Brokkoli und die Zuckerschoten waschen und putzen. Die Brokkoliröschen vom Strunk trennen und 6 Min. in der Gemüsebrühe bissfest garen. Die Zuckerschoten und die Erbsen für 1–2 Min. mitgaren.
2. Eine mittlere Auflaufform mit Butter einfetten und das Gemüse hineingeben. Die Gemüsebrühe auffangen und beiseitestellen.
3. Zwiebel schälen, fein hacken und in Olivenöl bei mittlerer Hitze anschwitzen. Sahne und Gemüsebrühe angießen. Kartoffel schälen und in die Soße reiben. Alles zusammen ca. 5 Min. köcheln lassen. Mit Salz und Pfeffer abschmecken. Die Soße vom Herd nehmen. Das Ei aufschlagen, verquirlen und unter die Soße rühren.
4. Lachsfilet waschen, trocken tupfen und in mundgerechte Stücke schneiden. Mit dem Zitronensaft beträufeln. Die Stücke zwischen das Gemüse in die Auflaufform betten. Alles mit Soße übergießen. Den geriebenen Gouda darüberstreuen und alles im Ofen (Umluft: 180 °C) für ca. 20 Min. backen.

Foto siehe Seite 43

Kabeljau-Auflauf mit Sauce béarnaise

Ergibt: 2–3 Portionen * Zubereitung: 60 Min.
Nährwerte (pro Portion): 550 kcal, KH: 9 g, E: 5 g, F: 51 g

Einkaufsliste:
1 Zwiebel
2 Lauchstangen
2 Karotten
600 g Kabeljaufilets (gehäutet)
40 g Butter
2 EL Mehl
50 ml Weißwein (trocken)
Salz
Pfeffer

Für die Soße
2 Schalotten
70 ml Weißweinessig
3 Zweige Estragon
1 Lorbeerblatt
6 Pfefferkörner
4 Eigelb
300 g Butter

So wird's gemacht:

1. Zwiebel und Schalotten schälen und fein hacken. Lauch und die Karotten waschen. Lauch in Ringe, Karotten und Scheiben schneiden. Kabeljau waschen, abtrocknen und in Streifen schneiden (ca. 3 x 1 cm).
2. Butter in einer Pfanne erhitzen. Zwiebel, Lauch und Karotten karamellisieren lassen (ca. 6 Min.). Kabeljau und Mehl in die Pfanne geben und 2–3 Min. anbraten. Mit Wein ablöschen und kurz einkochen lassen.
3. Für die Soße Essig langsam in einem kleinen Topf erhitzen. Schalotten, 2 Estragonzweige, Lorbeerblatt und Pfefferkörner hinzugeben. Köcheln lassen, bis die Flüssigkeit auf die Hälfte eingekocht ist. Abkühlen lassen.
4. Eigelb mit 1 TL Wasser verquirlen und in den abgekühlten Essig geben. Wasser in einem größeren Topf oder einer Pfanne zum Kochen bringen. Den Topf mit der Essig-Ei-Masse hineinstellen und ständig mit einem Schneebesen rühren. Die Soße eindicken, bis sie am Schneebesen „kleben" bleibt.
5. Den Ofen vorheizen (Umluft 180° C).
6. In einem Topf Butter schmelzen. Vom Herd nehmen und zügig in die Soße einrühren. Estragonblätter vom übrig gebliebenen Zweig zupfen und fein hacken. In die Soße geben. Mit Salz und Pfeffer abschmecken.
7. Die Kabeljau-Gemüse-Mischung in eine Auflaufform geben. Die Sauce béarnaise darübergießen und alles 15–20 Minuten im Ofen backen.

Gratinierte Asia-Muscheln

Ergibt: 4 Portionen * Zubereitung: 40 Min.

Nährwerte (pro Portion): 277 kcal, KH: 15 g, E: 16 g, F: 14 g

Einkaufsliste:

1 kg Miesmuscheln
Salz
2 Knoblauchzehen
5 g Ingwer
2 EL Butter
1 EL Mehl
1 TL Currypulver
100 ml trockener Weißwein
200 ml Kokosmilch
1 Prise Chili
Limettensaft
1 EL Schnittlauchröllchen

So wird's gemacht:

1. Die Muscheln gründlich waschen und putzen. Einen Topf mit gut 3 cm Salzwasser füllen. Zum Kochen bringen. Die Muscheln hineingeben und bei fest geschlossenem Deckel 5 Min. kochen lassen. Offene Muscheln beiseitelegen, geschlossene Muscheln wegwerfen.
2. Die leeren Muschelhälften ablösen. Die Hälften mit dem Miesmuschelfleisch nebeneinander in eine Auflaufform legen.
3. Den Ofen vorheizen (Grillfunktion).
4. Knoblauch und Ingwer schälen und fein hacken.
5. Butter bei mittlerer Hitze in einem Topf zerlassen. Den Knoblauch und Ingwer ca. 2 Min. anschwitzen. Mehl und Currypulver hinzugeben und weitere 2–3 Min. anschwitzen.
6. Nach und nach unter ständigem Rühren Wein und Kokosmilch angießen. Köcheln lassen, bis eine cremige Soße entsteht. Mit Salz, Chili und Limettensaft abschmecken. Schnittlauch in Röllchen schneiden und hinzugeben.
7. Die Soße auf den Muscheln verteilen. Alles im Ofen ca. 5 Min. gratinieren.

Aus aller Welt

Hähnchen-Chorizo-Auflauf

Ergibt: 6 Portionen * Zubereitung: 1 Std. 15 Min.
Nährwerte (pro Portion): 264 kcal, KH: 13 g, E: 19 g, F: 12 g

Einkaufsliste:

1 Zwiebel
1 Knoblauchzehe
500 g Kartoffeln
50 g Chorizo
1 EL Olivenöl
400 g Hühnerfleisch (Brust und Keulen)
1 TL Paprikapulver (rosenscharf)
400 g Tomaten in Stücken (aus der Dose)
100 g Oliven (schwarz, entsteint)
1 TL Oregano (getrocknet)
½ TL Rosmarin (getrocknet)
100 ml Hühnerbrühe
Salz
Pfeffer
Petersilie

So wird's gemacht:

1. Den Ofen vorheizen (Umluft 180 °C).
2. Zwiebel und Knoblauch schälen und fein hacken. Kartoffeln schälen. Je nach Größe halbieren oder vierteln. Chorizo in Scheiben schneiden.
3. Öl in einer Pfanne erhitzen. Die Hähnchenteile scharf anbraten, bis sie Farbe bekommen. In eine große Auflaufform legen.
4. Zwiebel und Knoblauch in derselben Pfanne bei mittlerer Hitze anbraten (ca. 3 Min.). Paprikapulver und Chorizo hinzugeben. Kurz anrösten. Tomaten, Oliven, Gewürze und Brühe hinzufügen und alles gut verrühren. Alles für 5 Min. leicht köcheln lassen. Mit Salz und Pfeffer abschmecken.
5. Kartoffeln in Salzwasser 10 Min. lang kochen. Zu den Hähnchen in die Auflaufform geben.
6. Die Tomaten-Oliven-Soße über Kartoffeln und Hähnchen geben. Den Auflauf 30 Min. im Ofen backen. Mit etwas Petersilie garnieren und servieren.

Foto siehe Seite 47

Mexikanischer Bohnen-Auflauf

Ergibt: 2–3 Portionen * Zubereitung: 60 Min.
Nährwerte (pro Portion): 424 kcal, KH: 32 g, E: 22 g, F: 22 g

Einkaufsliste:
1 Zwiebel
1 Knoblauchzehe
½ Stange Lauch
2 Stängel Staudensellerie
2–3 Karotten
1 Kohlrabi
½ Paprikaschote (rot)
½ Bund Petersilie
400 g Kidneybohnen
200 ml passierte Tomaten
1 Jalapeño (grün)
Salz
Pfeffer
½ Becher saure Sahne
100 g Cheddar (Scheiben oder gerieben)
1 EL Öl

So wird's gemacht:

1. Zwiebel und Knoblauch schälen und fein hacken. Gemüse waschen und putzen. Lauch, Sellerie und Karotten in dünne Scheiben schneiden. Kohlrabi und Paprika in schmale Streifen schneiden. Petersilie fein hacken. Die Kidneybohnen abspülen und abtropfen lassen.
2. Den Ofen vorheizen (Umluft 180 °C).
3. Zwiebel bei mittlerer Hitze in einer Pfanne mit Olivenöl anschwitzen (3–4 Min.). Den Knoblauch hinzugeben und ca. 1 Min. mit andünsten. Das Gemüse hinzugeben und 2–3 Min. anbraten. Die passierten Tomaten hinzugeben. Bei geschlossenem Deckel 10 Min. köcheln lassen.
4. Jalapeño waschen, abtrocknen und in feine Ringe schneiden. Zusammen mit den Kidneybohnen in die Pfanne geben. Kurz aufkochen. Mit Salz und Pfeffer abschmecken.
5. Die Pfanne vom Herd nehmen. Saure Sahne und Petersilie unterrühren. Alles in eine Auflaufform geben, mit dem Käse bestreuen und 15 Min. im Ofen backen.

Kürbis-Kokos-Auflauf

Ergibt: 4 Portionen * Zubereitung: 60 Min.
Nährwerte (pro Portion): 406 kcal, KH: 19 g, E: 33 g, F: 20 g

Einkaufsliste:

750 g Kürbis
1 Zwiebel
2 Knoblauchzehen
3 EL Olivenöl
400 ml Kokosmilch
Salz
Pfeffer
250 g Tomaten
500 g Hähnchenbrustfilets oder -schenkel
2 Frühlingszwiebeln
2 EL Butter
1 TL Ingwer (gerieben)
1 ½ EL Semmelbrösel
¼ TL Cayennepfeffer

So wird's gemacht:

1. Den Kürbis schälen und putzen, die Kerne entfernen und in mundgerechte Würfel schneiden.
2. Zwiebel und Knoblauch schälen und fein hacken.
3. 1 EL Öl in einer Pfanne erhitzen und die Zwiebeln darin 3 Min. anschwitzen. Knoblauch und Kürbiswürfel hinzugeben und 2 Min. mit anbraten. Die Kokosmilch hinzugeben. Mit Salz, Pfeffer und Cayennepfeffer würzen. Alles gut verrühren und 5 Minuten köcheln lassen.
4. Den Ofen vorheizen (Umluft 180 °C).
5. Tomaten waschen und abtrocknen. Halbieren und die Strünke entfernen. Das Fruchtfleisch würfeln.
6. Tomaten in eine große Auflaufform geben. Die Kürbisstücke aus der Pfanne nehmen und zu den Tomaten geben. Den Kokosfond weiter einkochen lassen.
7. Hähnchenbrustfilets oder -schenkel unter fließend kaltem Wasser abspülen und trocken tupfen. 2 EL Öl in einer Pfanne erhitzen und die Filets oder Schenkel von allen Seiten goldbraun anbraten.
8. Frühlingszwiebeln putzen und waschen. In Scheiben schneiden (1 cm). In die Pfanne geben und 1 Min. mitgaren. Mit Salz und Pfeffer würzen. Anschließend die Hähnchenfilets oder -schenkel in die Auflaufform geben. Den Kokosfond gleichmäßig in der Auflaufform verteilen.

9. Butter, Ingwer, Semmelbrösel und etwas Cayennepfeffer in einer Schale vermischen. Die Filets damit einreiben. In den Ofen stellen und 25 Minuten backen.

Absolutes Soulfood, das sogar noch ein wenig besser wird, wenn man ein paar gesalzene Erdnusskerne hackt und vor dem Backen mit in die Auflaufform gibt.

Marokkanischer Butterbohnen-Auflauf

Ergibt: 6 Portionen * Zubereitung: 1 Std. 40 Min.
Nährwerte (pro Portion): 249 kcal, KH: 14 g, E: 17 g, F: 13 g

Einkaufsliste:

1 Zwiebel
2 Knoblauchzehen
50 ml Olivenöl
2 TL Ras el-Hanout
1 EL Tomatenmark
200 g Butterbohnen (aus der Dose)
200 g Tomaten in Stücken (aus der Dose)
250 ml Gemüsebrühe
250 g Butternusskürbis
200 g Hähnchenbrust
25 g getrocknete Pflaumen oder Aprikosen
Salz
Pfeffer
1 TL Honig
1 EL Sesam
70 g Parmesan
2 EL Koriander

So wird's gemacht:

1. Zwiebel und Knoblauch schälen und fein hacken. Öl in einem Topf erhitzen. Die Zwiebel darin 4–5 Min. glasig andünsten. Knoblauch hinzugeben und 1 Min. mit anbraten. Ras el-Hanout und Tomatenmark einrühren und kurz anrösten.
2. Bohnen abtropfen lassen. Zusammen mit Tomaten und Gemüsebrühe in den Topf geben. Bei geschlossenem Deckel 30 Min. köcheln lassen.
3. Kürbis schälen, die Kerne entfernen, das Fruchtfleisch in große Stücke schneiden. Das Hähnchen waschen, abtrocknen und in mundgerechte Stücke schneiden. Die getrockneten Pflaumen bzw. Aprikosen in kleine Würfel schneiden.
4. Den Ofen vorheizen (Umluft 180 °C).
5. Hähnchen, Kürbis und Pflaumen in den Topf geben. Alles gut verrühren und weitere 20 Min. köcheln lassen. Mit Salz und Pfeffer abschmecken. Den Honig einrühren.

6. Alles zusammen in eine große Auflaufform geben.
7. Sesam und geriebenen Parmesan miteinander vermischen. Über den Auflauf geben und alles 20 Min. im Ofen backen. Mit etwas frischem Koriander garnieren und servieren.

Wer gern scharf isst, kann auch noch eine Chilischote hacken und zusammen mit den Bohnen und dem Kürbis garen lassen.

Kichererbsen-Spinat-Auflauf

Ergibt: 2–3 Portionen * Zubereitung: 1 Std. 10 Min.
Nährwerte (pro Portion): 332 kcal, KH: 24 g, E: 13 g, F: 20 g

Einkaufsliste:

1 Zwiebel
2 EL Olivenöl
1 TL Kreuzkümmelsamen
1 TL Koriandersamen
1 EL Tomatenmark
400 g Tomaten in Stücken (aus der Dose)
1 TL Zucker
1 ½ TL Kreuzkümmel (gemahlen)
Salz
Pfeffer
100 g Babyspinat
200 g Kichererbsen (aus der Dose)
1 TL Butter
60 g Bergkäse (gerieben)
1 EL Koriander

So wird's gemacht:

1. Zwiebel schälen und fein hacken. In einer Pfanne mit etwas Öl anschwitzen (ca. 4–5 Min.). Kreuzkümmel- und Koriandersamen hinzugeben und goldbraun anrösten.
2. Tomatenmark unterrühren und 1 Min. anrösten. Tomaten, Zucker und gemahlenen Kreuzkümmel unterrühren. Bei mittlerer Hitze weitere 5 Min. garen. Mit Salz und Pfeffer abschmecken.
3. Spinat waschen und abtropfen. Unter die Tomatensoße rühren. Die Kichererbsen abtropfen und ebenfalls hinzugeben. Alles gut vermischen und weitere 5 Minuten erhitzen. Noch mal mit Salz und Pfeffer abschmecken.
4. Alles in eine mit Butter eingefettete große Auflaufform geben. Den Auflauf mit Käse bestreuen und ca. 15–20 Min. im Ofen backen. Mit gehacktem Koriander bestreuen und servieren.

Dies und Das

Frühstücks-Auflauf

Ergibt: 4 Portionen * Zubereitung: 1 Std. 30 Min.
Nährwerte (pro Portion): 740 kcal, KH: 25 g, E: 50 g, F: 47 g

Einkaufsliste:
200 Kartoffeln
200 g Speck
200 g Kochschinken
1 kleine Zwiebel
4 Scheiben Toastbrot
300 g Cheddar (gerieben)
1 TL Butter
4 Eier
350 ml Milch
1 TL ml Worcestershire-Sauce
1 TL Senf (mittelscharf)
Salz
Pfeffer

So wird's gemacht:

1. Kartoffeln schälen, würfeln und in Salzwasser gar kochen.
2. Speck und Schinken in kleine Streifen scheiden. Zwiebel schälen und in kleine Würfel schneiden. Toast würfeln.
3. Speck in einer Pfanne erhitzen. Sobald das Fett ausgetreten ist, Kochschinken und Zwiebel hinzufügen und 3–4 Min. anbraten. Die Zwiebelwürfel sollten glasig sein. Das Fett abtropfen lassen.
4. Ofen vorheizen (Umluft 160 °C).
5. In eine mit Butter eingefettete Auflaufform die Zutaten wie folgt schichten: Brotwürfel, Kartoffelwürfel, Käse, Schinken-Speckmischung, Brotwürfel, Kartoffelwürfel, Käse.
6. Eier und Milch in einer Schüssel verquirlen. Worcestershire-Sauce, Senf sowie Salz und Pfeffer hinzugeben. Über den Auflauf geben. Im Ofen 70 Min. backen.

Den gibt's nur an bewegungsreichen Tagen. Der Frühstücks-Auflauf schmeckt noch besser, wenn man ihn schon am Abend vorbereitet und über Nacht im Kühlschrank ziehen lässt. Er sollte dann allerdings eine halbe Stunde, bevor er in den Ofen geht, aus der Kühlung genommen werden.

Foto siehe Seite 55

Kartoffel-Sauerkraut-Auflauf

Ergibt: 4–6 Portionen * Zubereitung: 60 Min.
Nährwerte (pro Portion): 395 kcal, KH: 25 g, E: 17 g, F: 23 g

Einkaufsliste:
500 g Kartoffeln
300 ml Milch
200 ml Schlagsahne
1 Lorbeerblatt
1 Dose Sauerkraut (400 g)
1 Zwiebel
1 EL Öl
½ TL Paprika (edelsüß)
200 g Hackfleisch (gemischt)
Salz
Pfeffer
1 TL Kümmel
1 TL Butter
60 g Emmentaler (gerieben)

So wird's gemacht:

1. Kartoffeln schälen und in Scheiben (2 mm) schneiden.
2. In einen Topf Milch, Schlagsahne und Lorbeerblatt geben. Kurz aufkochen lassen. Die Kartoffeln hinzugeben und bei mittlerer Hitze unter ständigem Rühren 10 Min. garen.
3. Sauerkraut abtropfen. Zwiebel schälen und in grobe Stücke schneiden.
4. Den Ofen vorheizen (Umluft 180 °C).
5. Öl in einer Pfanne erhitzen und die Zwiebel anschwitzen (ca. 3–4 Min.). Paprikapulver und das Hackfleisch hinzugeben und scharf anbraten, bis es Farbe bekommt. Salzen und pfeffern. Sauerkraut und Kümmel hinzugeben. Alles gut miteinander verrühren und 5 Min. anbraten.
6. Eine Auflaufform mit Butter einfetten. Abwechselnd Kartoffelscheiben und die Sauerkraut-Hackfleisch-Mischung schichten. Die Sahne-Milch ohne das Lorbeerblatt über den Auflauf gießen. Den Emmentaler darüberstreuen und alles 25 Min. im Ofen backen.
7. Vor dem Servieren noch zehn Minuten im ausgeschalteten Ofen ruhen lassen.

Das beste Ratatouille

Ergibt: 2 Portionen * Zubereitung: 70 Min.
Nährwerte (pro Portion): 594 kcal, KH: 30 g, E: 8 g, F: 23 g

Einkaufsliste:

Für die Soße
2 Paprikaschoten
1 Zwiebel
1–2 Knoblauchzehen
1 TL Olivenöl
1 TL Ahornsirup
5 EL passierte Tomaten
1 Lorbeerblatt
1 Thymianzweig
1 EL Petersilie (fein gehackt)
Salz
Pfeffer

Für die Vinaigrette
2 Zweige Thymian
5 EL Olivenöl
1 EL Balsamico
1 TL Ahornsirup
Pfeffer
2 TL Zitronensaft

Das Gemüse
1 Zucchini
1 kleine Aubergine
2 Tomaten (eine rote und eine gelbe)
1 rote Zwiebel

So wird's gemacht:

1. Den Ofen vorheizen (Umluft 170 °C).
2. Die Paprikaschoten kurz blanchieren und häuten. In kleine Würfel schneiden und beiseitestellen
3. Zwiebel und den Knoblauch schälen und fein hacken. In einer Pfanne bei geringer Hitze mit Olivenöl und Ahornsirup glasieren (ca. 8 Min.). Passierte Tomaten und ein Lorbeerblatt hinzugeben. Alles 10 Min. ziehen lassen.
4. Die Pfanne vom Herd nehmen, die Paprikawürfel untermischen. Thymianzweig hinzugeben und etwas fein gehackte Petersilie untermischen. Mit Salz und Pfeffer abschmecken.
5. Für die Vinaigrette Thymianblätter vom Zweig abzupfen. Mit Olivenöl, Balsamico, Ahornsirup, etwas Pfeffer und Zitronensaft vermischen. Die Vinaigrette beiseitestellen.
6. Zucchini, Aubergine, Tomaten und die rote Zwiebel in feine Scheiben (ca. 1mm) schneiden.
7. Die Paprika-Tomatensoße in eine Auflaufform geben. Die Gemüsescheiben abwechselnd in die Auflaufform stellen. Die Auflaufform mit einem Stück Alufolie abdecken, damit das Gemüse nicht so viel Farbe bekommt. Alles bei 170 °C Umluft für 30 Min. schmoren lassen. Vor dem Servieren das Gemüse mit der Vinaigrette beträufeln.

Das Rezept ist inspiriert von dem zauberhaften Film „Ratatouille", in dem eine kleine Ratte zum großen Koch wird.

Apfel-Rotkohl-Gratin mit Zimtbröseln

Ergibt: 2–3 Portionen * Zubereitung: 40 Min.

Nährwerte (pro Portion): 353 kcal, KH: 26 g, E: 5 g, F: 24 g

Einkaufsliste:

600 g Rotkohl (aus dem Glas)
2 Äpfel
1 TL Zucker
100 ml Gemüsebrühe
100 ml Sahne
50 g Butter
2 EL Paniermehl
Salz
Pfeffer
1 Prise Zimt

So wird's gemacht:

1. Rotkohl abtropfen lassen.
2. Äpfel schälen. Das Kerngehäuse entfernen und das Fruchtfleisch in kleine Würfel schneiden.
3. Den Ofen vorheizen (Umluft 180 °C).
4. Zucker in einem Topf ohne Öl karamellisieren. Apfelwürfel hinzugeben und 2–3 Min. mitdünsten. Mit Gemüsebrühe ablöschen. Sahne hinzugeben und kurz aufkochen lassen. Den Rotkohl hinzugeben und ca. 5 Min. köcheln lassen. Alles in eine Auflaufform geben und 15 Min. im Ofen backen.
5. Butter in einer Pfanne schmelzen. Paniermehl, etwas Salz und Pfeffer sowie Zimt hinzugeben. Alles gut verrühren, bis die Masse bröselig wird. Die Brösel über den Auflauf geben und nochmal 5–7 Min. backen.

Was wollen Sie essen? – Der kleine Geschmacks-Index

Etwas, das schnell fertig ist – Blitzküche

Etwas, das immer schmeckt – Klassiker für jeden Tag

Etwas, das richtig gesund schmeckt – Detox-Küche

Etwas, das ich noch nie gegessen habe – exotische Küche

* Topinambur-Gratin mit Thymian-Parmesan-Kruste, S. 12
* Mit Lamm gefüllte rote Zwiebeln, S. 27
* Hähnchen-Chorizo-Auflauf, S. 48
* Marokkanischer Butterbohnen-Auflauf, S. 52
* Kichererbsen-Spinat-Auflauf, S. 54

Etwas, das mich richtig satt macht – gehaltvolle Küche

* Hähnchen-Pilz-Auflauf, S. 35
* Gefüllte Auberginen, S. 36
* Brokkoli-Lachs-Auflauf, S. 44
* Frühstücks-Auflauf, S. 56

Etwas, das mich bei Schietwetter wärmt – Behagliche Küche

* Gratinierte Pilze, S. 31
* Blumenkohl-Feta-Auflauf mit Nüssen und Schinken, S. 39
* Auberginen-Rindfleisch-Auflauf, S. 40
* Hähnchen-Wirsing-Auflauf, S. 41
* Grünkohl-Kürbis-Auflauf mit Salsiccia, S. 42
* Mexikanischer Bohnen-Auflauf, S. 49
* Kürbis-Kokos-Auflauf, S. 50

Etwas für besondere Tage – Festtagsküche

Bildnachweis

S. 5 © Shutterstock/marysckin, S. 7 © Shutterstock/Magnago, S. 9 © Shutterstock/Nataliya Arzamasova, S. 11 © Shutterstock/A_Lein, S. 12 © Shutterstock/margouillat photo, S. 13 © Shutterstock/Natalia Arugula, S. 14 © Shutterstock/Supermop, S. 17 © Shutterstock/Elena Shashkina, S. 18 © Shutterstock/Olha Afanasieva, S. 19 © Shutterstock/zi3000, S. 22 © Shutterstock/Ksenija Toyechkina, S. 23 © Shutterstock/Elena Trukhina, S. 24 © Shutterstock/Nataliia Leontieva, S. 25 © Shutterstock/muh23, S. 27 © Shutterstock/SEAGULL_L, S. 28 © Shutterstock/Dani Vincek, S. 29 © Shutterstock/Salvomassara, S. 30 © Shutterstock/Teodora D, S. 31 © Shutterstock/Maren Winter, S. 32 © Shutterstock/giovanni1, S. 33 © Shutterstock/Daria Saveleva, S. 35 © Shutterstock/AlenaKogotkova, S. 37 © Shutterstock/minadezhda, S. 38 © Shutterstock/Elena Veselova, S. 39 © Shutterstock/Vladislav Nosik, S. 41 © Shutterstock/MShev, S. 43 © Shutterstock/teleginatania, S. 45 © Shutterstock/Andrey Starostin, S. 47 © Shutterstock/Joe Gough, S. 51 © Shutterstock/minadezhda, S. 53 © Shutterstock/Martin Turzak, S. 55 © Shutterstock/Elena Veselova, S. 59 © Shutterstock/Vorontsova Anastasiia, S. 60 © Shutterstock/zoryanchik